MON CHAT

ANGE ou DÉMON

Colette Arpaillange

Rustica éditions

Dépôt légal : août 2014
ISBN : 978-2-8153-0548-8

www.rusticaeditions.fr
www.rustica.fr

SOMMAIRE

AVANT-PROPOS

Le chat a depuis toujours ses inconditionnels et ses détracteurs. C'est bien le même animal qui, jadis, a pu être tour à tour révéré ou brûlé… et qu'aujourd'hui on peut trouver câlin, joueur, doux et fidèle, ou, si on lui porte un autre regard, cruel, paresseux, maniaque et ingrat ! Le chat n'a pourtant pas deux visages, mais il faut connaître ses besoins pour vivre en bonne harmonie avec lui. Sa compagnie est exigeante et vous imposera sinon des sacrifices, du moins quelques efforts.

Il n'est pas rare que la cohabitation avec votre petit félin ne soit pas aussi agréable que vous l'auriez espéré. Ce livre recense les bêtises de nos amis les chats, des petits soucis aux gros ennuis qui peuvent ternir votre belle relation. Beaucoup résultent d'une méconnaissance des besoins de cet animal parfois délicat, souvent tatillon et régulièrement tyrannique. Vous y trouverez des conseils pour résoudre les problèmes et les anticiper. Vous apprendrez par là même à mieux connaître le comportement de votre chat et à vous rendre mutuellement plus heureux.

CHAPITRE 1

MON CHAT ET SES COMPORTEMENTS

Comportement : du normal au pathologique

Le chat tend à remplacer le chien dans nombre de foyers français, car il est considéré comme plus adapté au mode de vie actuel. Il trouve facilement sa place dans les appartements exigus et les emplois du temps surchargés. Malgré ses qualités, la cohabitation avec ce petit félin n'est pas toujours idyllique et il n'est pas rare que l'ange se transforme en démon. Le comportement du chat peut être source de nuisances pour différentes raisons. Certains comportements désagréables n'en demeurent pas moins normaux. Il peut aussi manifester des symptômes en relation avec des troubles du comportement.

DES CONTRESENS LOURDS DE CONSÉQUENCES

Attention à ne pas prendre votre chat pour un petit chien ! Le traiter comme tel perturbera son comportement.

⋆ HIÉRARCHIE ET AUTORITÉ SONT DES NOTIONS QUI LUI ÉCHAPPENT

Interpréter certaines de ses « bêtises » comme des provocations est une grave erreur. Pas question de tenter de le soumettre de force, au risque de le rendre anxieux ou agressif. Contrairement au chien, vous pouvez respecter sa liberté sans craindre de le rendre dominant. Les sociétés félines fonctionnent selon des règles particulières, qui ne sont absolument pas basées sur la hiérarchie telle qu'on la conçoit chez le chien. Les notions de dominance et de subordination n'existent pas chez le chat. Un chat ne se soumet pas comme un chien à l'autorité. Les punitions physiques sont assimilées à des actes de violence difficilement compréhensibles.

Si votre chat s'installe en hauteur, c'est pour être au calme et non pour dominer le monde et surveiller vos agissements. Il doit pouvoir manger quand il en ressent le besoin et le libre-service ne va pas lui donner l'idée saugrenue, comme à son camarade canin, qu'il fait ce qu'il veut quand il veut. Il peut dormir avec vous sans en déduire qu'il est le centre du monde. Les contacts sont librement choisis et il acceptera difficilement les contraintes que vous tenterez de lui imposer.

★ DES EXIGENCES PROPRES À SON ESPÈCE

Le chat est avant tout un animal territorial. Cela signifie qu'il a besoin d'évoluer dans un espace stable, parfaitement organisé, où tout est prévisible. Il s'accommodera mal de voir son territoire restreint à un réduit regroupant gamelle, litière et coussin. Il déteste les changements et se sent menacé lors d'intrusion ou lorsque ses marques familières sont supprimées après un déménagement ou des travaux de réfection. La nouveauté le dérange.

Dans la nature, la chasse représente une activité essentielle qui mobilise toute son énergie. Physiologiquement, le chat est programmé pour faire de nombreux petits repas faiblement caloriques. Lorsque la nourriture est trop facilement disponible, il s'ennuie et lui trouver un passe-temps devient indispensable.

★ LA PUNITION : VERTUS ET LIMITES

La punition vise à faire disparaître un comportement indésirable en l'associant à une conséquence négative. Pour qu'elle soit efficace, la punition doit être systématique et suivre l'acte visé à chaque fois qu'il se produit. Les sanctions *a posteriori* n'ont aucun intérêt et contribuent à dégrader la relation avec le maître et à créer un climat de stress. Le chat n'a pas le respect de l'autorité du maître. C'est la conséquence de l'absence de hiérarchisation. S'il est puni trop fréquemment et violemment, il développera de la peur mais pas le respect d'une autorité souveraine. En revanche, il peut apprendre très vite à renoncer à un comportement si celui-ci a des conséquences désagréables pour lui. On choisira, selon la sensibilité du chat, un simple bruit, un objet lancé à distance, une pulvérisation d'eau, un spray de gaz comprimé ou un simple claquement de mains jouant ainsi à la fois sur le désagrément et la surprise… Quoi qu'il en soit, il faut proscrire les sanctions corporelles.

NORMAL OU PATHOLOGIQUE ?

Le comportement de votre chat peut être profondément modifié et devenir pathologique. Par exemple, votre chat fait pipi partout. S'agit-il d'un comportement de marquage réactionnel certes gênant, mais normal ? Ou bien la conséquence d'une maladie ? Comment faire la distinction ?

Un comportement normal est adapté à la situation ; il procure à l'animal un bénéfice ou lui permet de satisfaire une motivation ou un besoin. Il saura se modifier en fonction des circonstances et des événements. Il est réversible, c'est-à-dire qu'il s'arrêtera lorsqu'il aura atteint son but ou lorsque la raison qui l'a motivé disparaîtra. Il est en cohérence avec l'environnement du chat. Un comportement maladif est à l'opposé inadapté, rigide et figé ! Il n'apporte aucun bénéfice à l'animal et ne lui permet pas de faire face à la situation qui en est l'origine. Un comportement peut être considéré comme pathologique s'il survient dans un contexte objectivement incompréhensible ou non fondé. L'agression par peur du chat terrorisé et poursuivi par un chien est logique et normale. Celle que déclenche le chat anxieux à l'approche de la main qui veut le caresser est anormale et peut être considérée comme pathologique. Une conduite qui n'apporte aucune amélioration à la situation est également suspecte. Un chat qui craint les humains et qui ne quitte pas le dessous de l'armoire n'a guère de chance de comprendre que les personnes qui passent et repassent à proximité ne veulent pas attenter à ses jours. Autre situation : un comportement qui se répète sans trouver de fin car il ne parvient pas à apaiser l'animal. C'est le cas du chat qui se lèche au-delà du raisonnable au point de s'abîmer les poils et de léser sa peau.

LES COMPORTEMENTS MALADIFS

Un chat peut se comporter de façon anormale pour des raisons très différentes qui résultent de son histoire personnelle et de

C'est pas moi !
j'ai rien fait !
Meeoowww !!

la construction de son psychisme ou d'un environnement inadapté. Identifier la cause de ces comportements maladifs est certes une démarche difficile, complexe, mais elle est indispensable.

⋆ LES TROUBLES PRÉCOCES

Certains troubles voient leur origine dans la petite enfance. Les chatons qui grandissent auprès d'une mère sauvage et sans contact amical avec l'espèce humaine seront peureux et peu sociables. Ils développeront des phobies de l'être humain et subiront un état de stress à chaque rencontre avec un inconnu. Les petits adoptés trop tôt ne bénéficient pas des rudiments d'éducation que leur donne normalement leur mère et ils auront du mal à se réguler ou à se contrôler. Ce seront bien souvent des chatons brutaux et des adultes violents, peu tolérants au contact.

⋆ L'ENFER, C'EST LES AUTRES !

De nombreux troubles du comportement sont plutôt imputables à une mauvaise relation avec autrui. La cohabitation avec des congénères honnis ou des enfants bruyants, surtout si le chat est mal socialisé, est une source fréquente d'anxiété.

⋆ UN ENVIRONNEMENT INADAPTÉ

L'environnement a une importance primordiale chez le chat et les troubles du comportement induits par un cadre de vie inadapté ou instable sont fréquents. Le chat s'avère également très exigeant quant à son mode de vie, qui doit respecter ses besoins fondamentaux.

⋆ LE POIDS DES ANS

Le vieillissement s'accompagne de modifications comportementales plus ou moins marquées. Il existe chez le chat, comme chez le chien, des troubles apparentés à la maladie d'Alzheimer et qui modifient profondément la personnalité de l'animal.

⋆ LE COMPORTEMENT, EXPRESSION DE LA MALADIE

Une atteinte cérébrale ou un dysfonctionnement des glandes endocrines vont directement modifier les réactions de l'animal. La douleur peut s'accompagner d'agressivité ou, à l'inverse, d'inhibition ou de repli sur soi. La malpropreté peut être la conséquence d'une cystite assez fréquente chez cette espèce.

⋆ LES TROUBLES PSYCHIATRIQUES

Il existe d'authentiques troubles du comportement dont l'origine ne tient ni au milieu de vie ni aux expériences précoces : ce sont les dysthymies, ou troubles de l'humeur. Le chat a un comportement étrange et alterne des phases d'abattement avec des phases de violence extrême. Dans ces périodes dites productives, il est agité, ne dort plus, se jette sur la nourriture, est très irritable et présente une agressivité envers les humains ou envers lui-même avec des automutilations. Ces manifestations évoquent la psychose maniaco-dépressive des humains.

⋆ LE STRESS, LA PEUR ET L'ANXIÉTÉ

Le chat est à la fois un chasseur et une proie, et ce double statut explique la grande variabilité de son répertoire comportemental. Pour rester en vie, il a appris à éviter le danger et tire facilement les leçons des expériences désagréables. Dès lors, il se sensibilise rapidement et peut devenir phobique après un traumatisme mineur. Il est à l'écoute permanente de son environnement car, pour rester en vie, il a su développer d'importantes capacités d'apprentissage et d'analyse.

L'adaptabilité et la « résistance au stress » se construisent au cours des premiers mois de la vie du chaton. Elles dépendent de la qualité des expériences précoces. Si le chaton grandit au contact d'une mère bien socialisée à l'homme, au sein d'une famille qui lui prodigue des caresses et de l'affection,

LE COMPORTEMENT AU CŒUR DE LA MÉDECINE VÉTÉRINAIRE

Ces dernières années ont vu le développement d'une véritable zoopsychiatrie et les vétérinaires ont une expertise reconnue dans le domaine du comportement des animaux familiers. Ils sont capables de détecter et de prendre en charge une modification du comportement qu'elle qu'en soit la cause. Leur regard de clinicien leur permet de faire la part des choses entre le physique et le psychique. Ils maîtrisent l'usage des médicaments psychoactifs seuls capables de lever un état dépressif ou anxieux. Leur connaissance de l'animal leur permet de proposer des thérapies comportementales axées sur ses besoins fondamentaux. Enfin, attentifs au bien-être animal, ils donnent des conseils avisés pour faciliter la vie quotidienne des chats et de leur propriétaire sur les poils arrachés, les griffes rongées, le miaulement sans raison et sans arrêt... Certains de ces comportements vont inquiéter le propriétaire et l'inciter, à juste titre, à consulter son vétérinaire. Mais d'autres, comme la boulimie ou la perte de poils, sont suffisamment discrets pour être passés sous silence. Ce sont pourtant les témoins d'un état de stress auquel il faut être attentif.

et dans un environnement stimulant, il sera malléable et à l'aise dans n'importe quel univers.

Le stress fait référence à une agression de l'organisme par des facteurs de l'environnement et aux réactions qui en résultent. Dans la réponse au stress s'opèrent des modifications destinées à faire face à un danger perçu. Si celui-ci est bien réel, l'organisme peut ainsi réagir à la situation et canaliser son énergie vers des adaptations immédiates (fuite ou combat). Le corps et le cerveau sont sollicités, ce qui entraîne un état de tension psychique et physique. Dans le stress « normal », ces manifestations disparaissent dès que le danger s'éloigne et sont suffisamment contrôlées pour ne pas empêcher l'individu de développer une conduite adaptée. Cependant, un stress chronique ou répété devient nocif car ces réactions entraînent alors un épuisement de l'organisme qui n'est plus capable de réagir normalement.

La peur correspond à un stress ponctuel et l'anxiété à un stress permanent. La peur est une réaction physiologique de stress qui permet à l'animal de combattre un danger bien réel. Dans l'anxiété, le chat anticipe un danger imaginaire et se prépare en permanence à l'affronter. Mais il est impossible de supprimer une menace qui n'existe pas ! L'animal présente alors un état de stress durable se traduisant par des changements physiologiques et comportementaux.

Divers changements témoignent d'un état d'anxiété chez le chat :

– **Le comportement alimentaire est perturbé** : le chat devient boulimique ou au contraire anorexique. Il peut consommer des éléments non alimentaires.

– **Le marquage territorial est accentué** : marquage urinaire, augmentation des griffades.

– **Il devient moins sociable, évite les contacts** : il peut devenir agressif, ne plus supporter d'être caressé ou pris dans les bras.

– **Il avance comme s'il était menacé,** toujours aux aguets et sursaute au moindre bruit (hypervigilance).

– **Il a des comportements compulsifs,** se lèche jusqu'à s'arracher les poils ou se ronge les griffes, miaule sans raison et sans s'arrêter.

– **Il est malpropre** et urine en dehors de sa litière.

⋆ QUAND LA PEUR DEVIENT MALADIVE

Les phobies sont un autre trouble du comportement fréquent chez le chat. La phobie peut être définie comme la peur d'un objet ou d'une situation qui n'est pas réellement dangereuse. Elle s'exprime par des manifestations physiques de peur (tremblements, vomissements, défécation, dilatation des pupilles, tachycardie, respiration amplifiée) et surtout par des stratégies visant à écarter le danger : fuite et évitement le plus souvent, agression parfois. Le chat étant considéré comme méfiant par nature, s'il se cache, en proie à la panique, lorsqu'un inconnu se présente à la maison ou lorsque l'orage éclate, personne ne va vraiment s'inquiéter de ce comportement. Il est pourtant le signe d'une souffrance intérieure qui, si elle se répète ou si le chat ne peut plus y échapper, va se muer en anxiété.

CHAPITRE 2

MON CHAT CHEZ MOI

Il est malpropre !

La malpropreté est un comportement que l'on ne pardonne guère au chat réputé être un animal à l'hygiène irréprochable. C'est pourtant une nuisance assez répandue mais qui résulte de causes très différentes. Les souillures urinaires résultent de deux comportements très différents : le marquage et la miction en dehors de la litière, à un endroit inapproprié. Il est important de faire la distinction car les causes sont au départ différentes.

POURQUOI ?

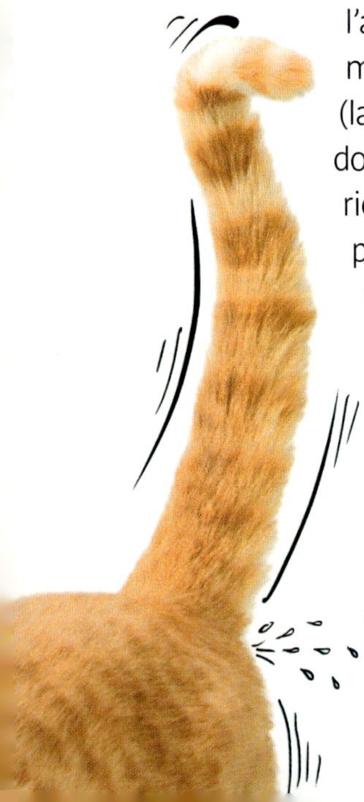

Le chaton est spontanément propre dès l'adoption et il trouve instinctivement le chemin du coin toilette (la litière ou le jardin). Vous serez donc en principe dispensé de la laborieuse étape d'éducation à la propreté qui occupe tous les propriétaires de chiots puisque c'est la mère chatte qui s'en charge dès l'âge de 4 semaines. Enfouir ses déjections est instinctif chez le chat, ce qui explique son attrait pour les substrats meubles, le sable, la terre des pots de fleurs ou… le tapis du salon.

★ LE MARQUAGE URINAIRE

Dans le marquage urinaire, le chat projette une petite quantité d'urine, en général sur un support vertical, en position debout. Attention, certains chats, en général des femelles, marquent en position fléchie et les urines sont alors déposées au sol, comme un vrai pipi. Les spots urinaires produits lors du marquage, quoique peu volumineux, sont des marques de communication particulièrement malodorantes.

La plupart des chats entiers (non castrés) marquent leur territoire et environ 10 % des chats stérilisés. Le marquage est inévitable dans les collectivités de plus de dix chats, même stérilisés, et il devient très fréquent au-delà de trois chats. En effet, le stress social est la principale cause de marquage urinaire, suivi par les déménagements et les changements dans le territoire.

Lorsque le marquage intervient en réaction à une intrusion, une déstabilisation territoriale ou une tension sociale, il est qualifié de « réactionnel » car compréhensible d'un point de vue de chat ! Il est normalement transitoire si le chat arrive à s'adapter et à retrouver un apaisement. Il peut s'installer dans la durée si la cause persiste, si le chat n'arrive pas à s'adapter ou si le stress s'aggrave. C'est notamment le cas lorsque le chat subit des punitions.

⋆ LES MICTIONS INAPPROPRIÉES

Quand il ne s'agit pas de marquage urinaire la séquence d'élimination aboutit à la production d'une flaque d'urine sur un support horizontal en quantité généralement importante car le chat vide sa vessie. On parle de mictions inappropriées.

Les souillures par malpropreté peuvent être d'origine médicale ou comportementale. Les maladies de l'appareil urinaire (cystites) en sont une cause très fréquente. En effet, lors de cystite, les spasmes de

LE MARQUAGE, UN COMPORTEMENT NORMAL MAIS GÊNANT

Quand un chat marque, il ne cherche pas à vider sa vessie mais à communiquer ! Le chat balise son territoire avec des marques qui associent des signaux visuels (par exemple : traces de griffe) et olfactifs. Les signaux olfactifs font appel à des substances appelées phéromones. Le chat produit différents types de phéromones dotées d'une signification particulière dans la communication avec autrui ou dans le marquage territorial. Chaque type de marque a sa signification et participe à l'organisation du territoire. Par exemple, les griffades sont apposées à proximité des lieux de repos et les marques urinaires sont produites dans les lieux d'activité.

la vessie suscitent un besoin impérieux d'uriner et le chat fait là où il se trouve. Les urines peuvent contenir un peu de sang. La douleur lors de la miction peut conduire le malade à éviter définitivement son bac par une association d'idée malencontreuse même après guérison de la cystite ! Chez le chat âgé, par un mécanisme similaire, l'accès au bac réveille ses douleurs articulaires, ce qui l'incite à trouver un endroit plus confortable pour éliminer. Une consultation vétérinaire s'impose lorsque le chat commence à uriner partout. Les causes comportementales sont très diverses. La malpropreté résulte exceptionnellement d'un défaut d'apprentissage même si certains chatons, élevés par une mère malpropre, peuvent prendre de mauvaises habitudes et utiliser des lieux incongrus. Le plus souvent, le chat était parfaitement propre et devient sale.

★ UNE LITIÈRE SALE

L'entretien de la litière est souvent mis en cause. Le chat est en effet très délicat et si ses toilettes sont sales et malodorantes, il préfère aller faire ses besoins ailleurs. Il n'apprécie pas pour autant les bonnes odeurs : les désodorisants pour litière et la litière parfumée ne sont pas plébiscités par les chats, le chèvrefeuille est d'ailleurs connu pour dissuader les chats de déféquer dans les plates-bandes ! Certains chats ne supportent pas de changer de type de litière, voire de marque.

Lorsque la malpropreté apparaît, très souvent, pour limiter les dégâts, vous lui interdisez l'accès à certaines pièces en votre absence. Son univers bascule dans l'incertitude ; or rien n'est plus difficile à gérer pour un chat qu'un territoire à géométrie variable. Parfois, à bout de nerfs, vous vous fâchez et lui administrez une bonne fessée. Incertitude, agression, la pression monte et son malaise grandit. Et le stress aggrave la malpropreté. C'est ainsi que s'enclenche le cercle vicieux de la malpropreté, à partir d'un événement qui peut être anodin, comme un week-end prolongé où la litière n'a pas été nettoyée.

★ DE L'ANXIÉTÉ

La malpropreté est une manifestation classique de l'anxiété chez le chat. Elle s'accompagne alors d'autres symptômes comportementaux plus ou moins apparents : agressivité, agitation, nervosité excessive, boulimie, léchage compulsif, augmentation du sommeil et désintérêt pour les activités quotidiennes... Les causes d'anxiété sont nombreuses et il est important d'établir un diagnostic le plus précis possible pour apporter une réponse adaptée.

LES FAUSSES BONNES IDÉES

⋆ LA PUNITION

Toute forme de punition est à proscrire. Le chat est rarement pris sur le fait et, quand bien même il le serait, il n'associera pas l'agression dont il est victime avec un acte répréhensible. Il en concevra une méfiance envers son maître et vivra une situation permanente de stress.

⋆ « LUI METTRE LE NEZ DEDANS »

C'est une suggestion qui repose sur l'idée que le chat sera dégoûté par le parfum de ses urines. Il n'en est évidemment rien, nos animaux sont souvent très attirés par leurs excrétions diverses… c'est tout aussi contre-indiqué que n'importe quelle autre forme de punition.

⋆ L'EAU DE JAVEL

Les nettoyages à l'eau de Javel des lieux souillés sont à proscrire. L'odeur de l'eau de Javel attire le chat et ce produit est d'ailleurs conseillé pour nettoyer les bacs à litière afin de l'inciter à y faire ses besoins. Pour nettoyer, il est préférable d'utiliser le vinaigre blanc dilué qui efface durablement les traces odorantes, sans déclencher de surenchère dans le marquage !

FELIWAY®

La phéromone F3, commercialisée sous le nom de Feliway®, reproduit le marquage apaisant que le chat dépose sur les lieux de passage en se frottant les joues. Elle contribue à son apaisement et le sécurise dans son environnement. Elle est indiquée lors de déstabilisation territoriale ou plus généralement en situation de stress pour rassurer le chat. Elle est proposée pour réduire les manifestations gênantes du stress, les destructions par griffades et le marquage urinaire notamment. En effet, ce produit inhibe le marquage urinaire, facilite la restructuration territoriale et possède des vertus apaisantes.

FELIFRIEND®

La phéromone F4, commercialisée sous le nom de Felifriend®, est le support des relations sociales et est associée au comportement d'allomarquage. Elle inhibe l'agression et est donc indiquée pour faciliter la cohabitation entre chats ou avec un chien.

⋆ LUI INTERDIRE L'ACCÈS À CERTAINES PIÈCES

Si vous décidez d'éloigner votre chat d'un endroit, cet interdit doit être définitif et constant. Si vous lui interdisez certaines pièces à certains moments de la journée (la chambre quand vous êtes absent, par exemple), vous prenez le risque qu'il entreprenne un marquage forcené quand il y aura à nouveau accès.

LES SOLUTIONS

Il faut réagir très vite car la situation est susceptible de s'inscrire dans la durée même si l'événement déclencheur est mineur. Si la malpropreté dure depuis plus de 1 an, le problème n'a qu'une chance sur deux d'être résolu.

Quant au marquage urinaire, il reste un comportement normal mais, lorsqu'il s'intensifie, vous devez mener l'enquête pour essayer d'identifier le facteur de stress. S'agit-il d'un changement dans la maison ? D'une modification de mode de vie ? Un chat extérieur vient-il harceler votre protégé derrière la fenêtre ? Si vous avez plusieurs chats, il est fort probable que le marquage urinaire soit l'expression d'un conflit larvé qui sera particulièrement difficile à résoudre.

⋆ RECRÉER UN ENVIRONNEMENT APAISANT

Favorisez les autres formes de marquage : un griffoir judicieusement placé aidera votre chat à organiser son marquage territorial ; les phéromones de synthèse encouragent le marquage facial et rendent le territoire rassurant. Fournissez-lui des activités et encouragez-le à retrouver son rythme naturel s'il ne sort pas.

⋆ DES TOILETTES PROPRES !

Si le chat n'utilise plus sa litière et fait ses besoins n'importe où, une attention particulière doit être portée à la litière. Une enquête minutieuse vous permettra peut-être de comprendre ce qui a pu rebuter votre chat et le conduire à délaisser ses lieux d'aisance. Quoi qu'il en soit, ses toilettes doivent être dans un état impeccable de propreté. Un nettoyage quotidien et soigneux s'impose désormais. Si vous avez plusieurs chats, pour éviter les conflits et faciliter la structuration de leur territoire en toute indépendance, installez une litière par chat et une de secours. Si votre chat refuse de réintégrer son bac bien qu'il soit propre, vous pouvez tenter la « cafétéria à litières » en lui proposant différents types de matériau. Peut-être sera-t-il séduit par la nouveauté et pourra renouer avec la propreté ?

⋆ L'ÉLOIGNER DE SON LIEU FÉTICHE

S'il a jeté son dévolu sur un lieu particulier, vous pouvez tenter de l'en éloigner en rendant l'expérience désagréable. Tapissez l'endroit d'une feuille de papier plastique pour lui gâcher le plaisir de pétrir un support moelleux et lui imposer le désagrément d'avoir les coussinets souillés d'urine. Vous prenez le risque qu'il se choisisse une zone tout aussi inappropriée à vos yeux…

⋆ RÉÉDUQUER LE CHATON

Un chaton qui n'a jamais été propre peut éventuellement être rééduqué. Cette rééducation passe par une étape de confinement dans une pièce ne contenant comme support attractif qu'une litière avec très peu de sable. Tous les endroits susceptibles d'être souillés seront soigneusement protégés ou rendus inaccessibles.

⋆ LA STÉRILISATION

La stérilisation n'a d'intérêt qu'en cas de marquage sexuel. Elle résout le marquage neuf fois sur dix chez le mâle entier. Elle peut aussi être suggérée lorsqu'il s'agit d'une chatte sous contraceptif, d'autant que la pilule peut entraîner des troubles de l'humeur et de l'anxiété.

⋆ LA CONSULTATION CHEZ LE VÉTÉRINAIRE

Il est conseillé de consulter rapidement un vétérinaire. Un examen clinique et une analyse des urines sont préconisés, afin de déterminer si une maladie peut être en cause. Le vétérinaire s'attachera à déterminer l'origine de la malpropreté et à documenter un éventuel trouble du comportement (anxiété, dépression). Il pourra donner à votre chat un traitement et vous donnera des conseils personnalisés pour remédier à ce souci. Pour préparer au mieux la consultation, prévoyez un plan de votre habitation recensant les lieux souillés et les différentes zones occupées par les chats. Essayez de vous remémorer les événements, même les plus anodins, ayant précédé l'apparition de la malpropreté.

LA PRÉVENTION

⋆ NE PAS PERTURBER LES HABITUDES DU CHAT

Les fabricants rivalisent d'imagination pour proposer des bacs à litière de formes variées, des plus simples aux plus sophistiqués. Mais les chats ne sont pas de grands adeptes de la nouveauté ! Pour certains, l'apparition d'une porte battante, d'un toit ou d'une marche est un motif suffisant pour abandonner les lieux. La litière idéale est donc une question de goût personnel.

⋆ UN COIN TOILETTES AU CALME

Le bac à litière devra être placé dans un endroit calme pour éviter que le chat soit dérangé par les allées et venues dans la maison. Évitez de placer la litière à proximité de la machine à laver : si l'essorage se déclenche pendant que votre petit compagnon se soulage, il risque de ne plus jamais vouloir y revenir !

⋆ NE PAS TOUT MÉLANGER

Faute de place, vous aménagez un petit réduit rassemblant gamelle, coussin, bac à litière. Ces zones « tout-en-un » vont totalement à l'encontre de l'organisation territoriale du chat. Si vous manquez de place, pensez à exploiter les trois dimensions : la gamelle peut prendre de la hauteur et votre chat verra son domaine s'étendre comme par magie. La situation est différente lorsque le chat entre dans le troisième âge. Ses déplacements deviennent difficiles et monter l'escalier pour trouver les toilettes devient une épreuve insurmontable. Un bac avec une marche un peu haute peut vite être décourageant. Réaménagez son espace de vie pour que tout soit à sa portée sans effort.

⋆ ANTICIPER TOUS LES CHANGEMENTS

Le chat est atrocement intransigeant et déteste que ses habitudes et son milieu de vie soient bouleversés. Un intrus s'installe à la maison ? Des travaux de réfection sont envisagés ? Un nouveau meuble fait son apparition ? Toutes ces situations sont susceptibles de lui faire perdre ses marques et de porter atteinte à l'ordre et à la stabilité de son cadre de vie. L'utilisation ponctuelle de phéromones est une bonne solution en prévention surtout si votre petit compagnon s'est déjà montré sensible aux changements dans le passé.

★ L'ÉPREUVE DU DÉMÉNAGEMENT

Les déménagements sont sans doute la pire épreuve qu'un chat ait à supporter... Aidez-le à s'habituer tranquillement à son nouvel environnement. À votre arrivée, il est préférable de l'isoler dans une pièce calme dans laquelle vous installerez toutes ses commodités. Lorsque votre chat semble apaisé dans son nouveau cadre de vie, vous pouvez lui ouvrir le reste de l'habitation ou une autre partie si elle est vraiment très grande. Patientez quelques jours avant de lui proposer une sortie. Il faut attendre qu'il se soit attaché à son nouveau domicile pour qu'il ait la capacité d'y revenir. Les phéromones facilitent l'adaptation et permettent au chat de retrouver plus rapidement sa quiétude. Vous pouvez suspendre l'application de phéromones dès que vous voyez votre chat apposer ses propres marques. Le recours à un traitement anxiolytique est préconisé si votre chat est sensible au stress ou s'il est âgé. Si votre nouveau domicile abritait un chat auparavant, prenez garde à bien faire disparaître les marques odorantes avec un nettoyage soigneux à l'eau vinaigrée. Les traces de griffades sont particulièrement mal tolérées.

DÉMÉNAGER

Après un déménagement, la phase d'acclimatation est plus ou moins longue selon les capacités d'adaptation du chat : de 2 à 3 jours pour les plus téméraires et jusqu'à 8 à 10 jours pour les plus angoissés. Ne le laissez pas sortir tant que vous ne l'avez pas vu apposer des marques faciales lors de ses allées et venues.

Il s'attaque à mes plantes

Décidément, votre chat n'a pas la patte verte ! Il grignote les feuilles de vos plantations, mâchonne les tiges ou joue avec vos tomates cerises. Il a aussi la fâcheuse tendance à confondre vos pots de fleurs et son petit coin. Vous retrouvez la terre grattée et dispersée autour de vos plantes, et vos plantations se flétrissent car ce nouvel engrais semble ne pas leur convenir.

POURQUOI ?

Bien que le chat soit carnivore, la consommation de végétaux fait partie de son régime alimentaire. La consommation d'herbe vise à déclencher des vomissements propres à éliminer les boules de poils qu'il ingère en faisant sa toilette. Vous retrouvez alors un boudin de poils agglomérés avec des brins d'herbe mêlés au suc gastrique, plus ou moins mousseux et plus ou moins jaunâtre. Contrairement à une idée reçue, votre chat ne « se purge pas ». Le chat évite normalement les plantes toxiques, mais, en appartement, les végétaux à sa disposition sont peu variés et malheureusement beaucoup sont dangereux pour sa santé. Les chatons sont moins discriminants que les adultes et leur comportement curieux peut les entraîner à consommer des plantes nuisibles pour eux.

Gratter la terre est un comportement tout aussi naturel, le chat préférant enfouir ses déjections dans des supports meubles.

LES SOLUTIONS

★ DES RÉPULSIFS

Différentes substances sont suggérées comme répulsifs pour éloigner le chat des plantes vertes ou des plates-bandes. Vous pouvez enfouir des écorces d'agrume ou des boules de naphtaline dans la terre.

Vous pouvez également vaporiser les feuillages avec du jus de citron ou de la sauce Tabasco®.

★ DES PROTECTIONS

Une protection par un grillage décourage les comportements fouisseurs. Dans les cas rebelles à toute dissuasion douce, vous pouvez recourir à un moyen plus radical pour sauver vos plantations : enfoncez des pics à brochettes dans les jardinières espacées de quelques centimètres en laissant dépasser les pointes.

★ PAS DE PLANTES TOXIQUES À LA MAISON

Évitez d'introduire chez vous des plantes potentiellement toxiques surtout si vous avez un chaton ou assurez-vous qu'elles sont totalement inaccessibles. Si vous souhaitez simplement fournir à votre chat un peu d'herbe à grignoter, le papyrus est sans danger et très décoratif.

★ DE L'HERBE AUX CHATS

Si votre chat a besoin de grignoter des brins d'herbe, vous pouvez lui offrir un petit carré d'herbe aux chats sans danger pour lui. Ne confondez pas herbe aux chats et herbe à chat ! L'herbe à chat vendue dans le commerce est en fait du blé ou de l'orge. On désigne sous le terme d'herbes aux chats diverses plantes qui ont des effets euphorisants sur nos petits félins. C'est le cas de la cataire (*Nepeta cataria*), mais aussi de la valériane (*Valeriana officinalis*) ou de la germandrée marum (*Teucrium marum*)... La consommation d'herbes aux chats chez les chats réceptifs déclenche un comportement d'euphorie : ils miaulent, se roulent par terre, ronronnent bruyamment et salivent...

LES DANGERS DES PLANTES VERTES

L'arum, le diffenbacchia, le cyclamen, le philodendron, le ficus ou le lys sont des plantes d'ornement courantes et assez toxiques pour nos petits félins domestiques. La plupart ne provoquent que des troubles digestifs ou des lésions de la bouche, mais d'autres sont beaucoup plus dangereuses. C'est le cas des lys qui entraînent une grave insuffisance rénale ou du muguet qui est un redoutable poison pour le cœur.

Il fait ses griffes partout

Votre canapé en cuir est ruiné par les coups de griffes... Vos rideaux ressemblent à des guenilles, votre moquette s'effiloche, votre tapisserie est en lambeaux, les chaises de la cuisine sont bonnes à être rempaillées... Pourtant vous lui avez offert un griffoir, mais il le dédaigne et continue à s'acharner sur votre mobilier.

POURQUOI ?

★ USER SES GRIFFES

« Faire ses griffes » est un besoin chez le chat car ses griffes ne touchent pas le sol et il ne les use pas en marchant comme le chien. Mais ce n'est hélas pas sa seule motivation, sinon il suffirait de lui couper les griffes régulièrement pour supprimer ce comportement désagréable.

★ UN MARQUAGE TERRITORIAL

Le chat semble prendre un grand plaisir à s'étirer voluptueusement et à planter ses griffes dans un support « approprié » (canapé, rideaux...). C'est une activité de stretching qu'il pratique quand il est détendu, après la sieste par exemple. Les griffades lui servent surtout à déposer des marques dans son territoire. Elles sont apposées à proximité des endroits où il ne souhaite pas être dérangé : lieu de repos, de chasse ou d'élimination. Il choisira un endroit visible de tous les intrus potentiels. C'est pourquoi, le canapé du salon, apparent depuis la porte d'entrée et à la matière si agréable à triturer, offre un support de choix. Ce comportement typiquement territorial est aussi fréquent chez les chats d'intérieur que chez ceux qui sortent librement.

Le comportement de griffade est parfaitement théâtralisé. Après avoir repéré l'endroit adéquat, le chat le flaire, à la recherche d'odeurs étrangères, puis il se dresse sur ses pattes postérieures si le support est vertical ou il s'étire en soulevant l'arrière-train si le support est horizontal. Il plante alors ses griffes et lacère le support de manière à y laisser des traces visibles et durables, en sus des phéromones podales sécrétées par les coussinets. La posture adoptée est une posture dite de soulignement qui intervient dans la communication, une façon de montrer aux yeux de tous qu'il marque son territoire. Et après son passage, ces marques de griffes indiquent aux éventuels intrus qu'il y a, à cet endroit, des phéromones à renifler et un territoire déjà pourvu d'un propriétaire. Il augmente ainsi les chances que les phéromones qui ont été déposées et qui constituent l'essentiel du message soient perçues par les étrangers.

⋆ UN ÉTAT DE STRESS

Lorsque le chat se sent menacé dans son territoire, par exemple par l'intrusion d'un autre chat ou d'un chien, ou lorsque les marques territoriales familières ont été supprimées, après un déménagement ou des travaux de réfection par exemple, les griffades augmentent sensiblement. Si les griffades sont dispersées dans toute l'habitation, notamment autour des issues, c'est le signe que votre chat est stressé.

UN GRIFFOIR ATTRACTIF

Pour attirer votre chat, frottez le support tout neuf avec une olive (noyau d'olive réduit en poudre ou morceaux d'olives), avec de l'herbe aux chats séchée ou vaporisez de l'extrait de valériane en spray. Et pour l'intéresser encore davantage, efforcez-vous de dessiner les premières marques avec un couteau pointu !

D'autres symptômes apparaissent : irritabilité, agitation, malpropreté, comportement peureux... Il faudra déterminer avec l'aide de votre vétérinaire l'origine de son anxiété pour trouver des solutions efficaces et durables et améliorer le bien-être de votre petit compagnon.

⋆ L'ATTRAIT DES MOTIFS RECTILIGNES ET VERTICAUX

Certains supports sont particulièrement attractifs, peut-être parce leur apparence évoque des traces de griffade ! Le chat s'empresse alors de les baptiser avec ses odeurs propres : c'est le cas de la paille, en particulier de la fragile (et coûteuse !) paille japonaise qui est choisie comme décor mural, des meubles en osier et de certaines moquettes murales avec des motifs verticaux.

PAS DE GOUTTELETTES

Si vous utilisez un spray de phéromone, faites attention à pulvériser d'assez loin, de manière à ce qu'on ne puisse pas observer de gouttelettes visibles sur le support. La vision d'une tache sur un support pourrait inciter votre chat à y déposer des marques urinaires, surtout s'il est stressé.

LES SOLUTIONS

Stopper les griffades est impossible, car c'est un comportement naturel nécessaire au bien-être de votre chat.

⋆ DU BON USAGE DU GRIFFOIR

Vous pouvez rediriger ses griffades vers un endroit adapté : le griffoir ! Attention, ne vous découragez pas si votre chat dédaigne le griffoir que vous lui offrez. Les chats peuvent avoir des goûts très personnels concernant le support ou même son orientation. Votre chat pourra ignorer le magnifique griffoir multidirectionnel acheté dans votre animalerie favorite pour jeter son dévolu sur un banal rondin de bois. Quoi qu'il en soit, le support doit être stable et devra être fixé solidement. Ne vous contentez pas de poser au sol un vulgaire griffoir en carton… il y a peu de chance que votre petit protégé s'en satisfasse ! Voici un palmarès des matériaux les plus populaires : cordages, bois, liège, osier, rotin, moquette, revêtements en coco… Vous pouvez investir dans un griffoir du commerce ou en fabriquer un sur-mesure en tenant compte des goûts de votre chat et des vôtres ! En multipliant les griffoirs, vous multipliez les chances qu'ils soient utilisés par votre chat. L'important est de le placer à un endroit visible à proximité de l'entrée et des lieux de passage. Vous pouvez également en placer un à proximité des lieux de repos.

⋆ FORCE DE DISSUASION

Résistez surtout à l'envie de punir votre petit vandale, ce serait contre-productif. Si votre chat se sent menacé dans son environnement, il cherchera à griffer davantage. La punition à distance peut être tentée pour le dissuader de s'attaquer à un endroit précis, mais, pour être efficace, elle doit intervenir au tout début de la séquence et sans attendre que le comportement répréhensible soit érigé en mauvaise habitude.

Il est possible de le dissuader de faire ses griffes en rendant le support peu attractif en y collant une feuille d'aluminium ou de plastique. Des feuilles autocollantes transparentes double-face, les Stop'Griffes™, protègent votre mobilier et rendent les griffades très désagréables pour le chat. Vous pouvez aussi vaporiser votre mobilier avec des substances répulsives comme la citronnelle ou la menthe en espérant que cette odeur éloignera votre chat.

Les phéromones sont indiquées lors de griffades. Si les griffades sont récentes et ne semblent pas liées à un état anxieux, vous pouvez vous contenter de pulvériser des phéromones apaisantes (Feliway®) une fois par jour jusqu'à disparition des griffades. Vous proposerez à votre petit compagnon un griffoir à proximité pour qu'il puisse rediriger ce comportement indésirable. Si les griffades sont liées à un stress ou à une perturbation émotionnelle, il vaut mieux les utiliser partout dans l'environnement. Un diffuseur sera alors plus pratique qu'un spray. Le spray de phéromone n'est pas un répulsif même s'il est indiqué pour vaporiser les endroits griffés. Utilisez-le avec parcimonie : si vous en mettez trop, les phéromones en excès peuvent déranger le chat et provoquer l'effet inverse du marquage urinaire ! Il a pour fonction d'apaiser le chat et de le sécuriser, tout en l'incitant à déposer ses propres marques faciales.

⋆ UN PEU DE MANUCURE FÉLINE

Il est très facile d'épointer les griffes de son chat avec un coupe-ongles surtout si on lui a donné cette bonne habitude depuis qu'il est tout petit. Installez-vous confortablement, votre chat sur les genoux, et appuyez sous les coussinets. Cette petite pression fait sortir les griffes rétractiles : coupez l'extrémité de quelques millimètres.

LA PRÉVENTION

Un griffoir adapté doit être mis à disposition de votre chaton dès l'adoption. Montrez-lui doucement à quoi sert cet objet bizarre en gratouillant le support devant lui et en l'incitant délicatement à frotter ces pattes dessus. Si vous le surprenez en flagrant délit, résistez à l'envie de le pourchasser : loin de le dissuader de recommencer, vous l'inciterez à renouveler cette provocation pour le plaisir du jeu !

CHAPITRE 3

MON CHAT ET LA NOURRITURE

Il est boulimique

Votre chat réclame à manger sans arrêt ; il miaule, se frotte dans vos jambes et vous harcèle même si sa gamelle est encore pleine ! Attention, le surpoids s'installe très vite, surtout si votre chat est inactif et confiné en appartement…

POURQUOI ?

⋆ NE PAS CONFONDRE GRIGNOTAGE ET BOULIMIE

La boulimie correspond à une augmentation de la prise de nourriture au-delà de la satiété. Si votre chat mendie tout le temps, il vous faut avant tout déterminer s'il s'agit d'une vraie boulimie ou de sa tendance naturelle à fractionner ses repas. En effet, ce chasseur solitaire est avant tout un grignoteur. Capricieux en apparence, il chipote dans sa gamelle, mange quelques croquettes, vaque à ses occupations, puis revient un peu plus tard.

⋆ LE TIGRE QUI EST EN LUI…

Un chat nourri par intermittence, en deux ou trois repas par jour, va éprouver cette sensation de faim et, s'il ne peut la satisfaire, il risque de devenir agressif. Et lorsque la fringale s'installe, le chat peut devenir irritable. Ces troubles du comportement sont décrits sous le nom de « syndrome du tigre » par les vétérinaires. Le chat déclenche des comportements de prédation envers tout ce qui bouge, comme vos pieds ou vos mains, et des agressions autour de la gamelle ou au moment où vous préparez de la nourriture. On observe ces symptômes chez les chats confinés qui ne peuvent aller apaiser leur faim en chassant.

⋆ LA BOULIMIE EST UN SYMPTÔME

La boulimie accompagne certaines maladies comme le diabète ou l'hyperthyroïdie. Des tumeurs cérébrales, heureusement rares, suscitent aussi une faim démesurée, insatiable. Si votre chat se met à réclamer de la nourriture brutalement, s'il présente d'autres symptômes comme une soif intense, une nervosité excessive, une altération du pelage, consultez votre vétérinaire. À noter aussi que certains médicaments, à commencer par la pilule contraceptive, augmentent l'appétit.

Mais la boulimie est aussi un symptôme dans certains troubles du comportement. Dans ce cas, le chat ne trouve plus l'apaisement et la gloutonnerie est une des stratégies qu'il met en place pour calmer ses angoisses. La boulimie est présente en cas d'anxiété et de façon plus épisodique dans les dépressions. Dans ce cas, le chat peut passer de la voracité au chipotage !

★ RÉCLAMER C'EST MAL ÉLEVÉ

Le plus souvent, les tendances boulimiques de votre chat résultent d'une mauvaise éducation alimentaire et avant tout d'une mauvaise communication. En effet, lorsque votre chat vous accueille en miaulant, en se glissant contre vos jambes, vous interprétez le message comme une demande de nourriture. Votre premier réflexe est de remplir sa gamelle de croquettes, ce qui induit chez lui une intense satisfaction. Rapidement, ce qui était initialement une demande de contacts, de caresses et d'attention se trouve perverti par une récompense alimentaire… Ce dialogue, innocent au départ, prend un sens pernicieux et vous n'avez plus d'autre solution que de nourrir encore et toujours votre chat sans pouvoir le satisfaire.

★ ATTENTION : SUJETS À RISQUE !

Le chat est normalement capable d'adapter sa consommation à ses besoins énergétiques. C'est vrai dans la nature, mais dans le confort douillet d'un appartement il en va tout autrement. La stérilisation et le confinement lui font perdre cette capacité de régulation. Ce sont d'ailleurs deux facteurs majeurs de prise de poids. Il sera également incapable de se contrôler face à un aliment très appétissant surtout lorsque celui-ci est nouveau. Si vous changez trop souvent de régime alimentaire sans contrôler les apports, vous l'incitez à la gourmandise. Si votre chat possède un facteur de risque, soyez particulièrement attentif à son rationnement et surveillez attentivement sa ligne. Il est plus facile de prévenir

UN RYTHME NATUREL

Le chat qui reçoit des croquettes en libre-service effectue une dizaine de repas par jour. Chaque repas dure environ 2 minutes. Il consomme une moyenne de 50 à 60 g de croquettes par jour.

l'excès de poids que de déloger les bourrelets disgracieux !

LES SOLUTIONS

Comment rompre ce cercle vicieux ? En vous abstenant de répondre aux demandes de votre chat ! Il vous faudra parallèlement modifier son mode d'alimentation.

⋆ NE PLUS LUI RÉPONDRE !

Malheureusement pour vos nerfs, il est probable que votre chat se mettra à réclamer davantage dans un premier temps. Il a en effet l'impression que vous ne le comprenez plus. Il va falloir le déconditionner, c'est-à-dire apporter une réponse différente et redonner à vos échanges un sens plus innocent. Détourner son attention avec son jeu favori est une des solutions possibles. Vous pouvez également le surprendre en remplissant sa gamelle d'eau et en vous éloignant.

⋆ MODIFIER LE MODE D'ALIMENTATION

Le repas idéal est comme la souris : peu volumineux, faiblement calorique et difficile à attraper ! Privilégiez les croquettes « light », moins appétissantes et moins caloriques. La plupart des grandes marques proposent des aliments allégés ou spécifiques pour les chats stérilisés qui répondent à ces impératifs. Si vos activités vous le permettent, fractionnez au maximum la distribution alimentaire. Vous pouvez également utiliser des jouets distributeurs de croquettes pour reproduire le comportement de chasse et ralentir la prise alimentaire.

Il est aussi conseillé de remplir la gamelle de votre chat hors de sa présence, de manière à dissocier votre présence de l'obtention de nourriture.

LA PRÉVENTION

⋆ CHEZ LE CHATON

C'est chez le chaton qu'il faut se préoccuper des modalités de distribution du repas afin d'éviter de créer des rituels dont il sera difficile de sortir. Comme nous l'avons vu précédemment, il vaut mieux remplir sa gamelle hors de sa vue et placer la réserve dans un endroit tenu secret !

⋆ MANGER ET BOUGER !

Tout ce qui peut compliquer l'accès aux croquettes peut être mis à profit pour ralentir la consommation alimentaire et l'inciter à se bouger ! Le recours à des jouets distributeurs de croquettes permet d'une part de dissocier l'accès à la nourriture de la présence du propriétaire et d'autre part d'inciter le chat à s'activer pour se nourrir. Ces jouets sont destinés à être remplis de croquettes qu'ils délivrent une à une lorsque le chat les fait rouler. Il existe de tels dispositifs dans le commerce (Pipolino©, Snackroll©, balle Slim Cat©...). Mais il est tout à fait possible d'en bricoler avec des balles ou des bouteilles en plastique percées de trous de la taille des croquettes. De véritables « tableaux d'activités » pour chat sont commercialisés ou peuvent être bricolés avec un peu d'imagination. Les croquettes peuvent être déposées dans les logettes d'un parpaing suffisamment larges pour permettre au chat d'y passer la patte, dans des gobelets assez profonds ou des demi-sphères telles que celles utilisées pour distribuer la lessive fixés sur des supports. Vous pouvez aussi glisser les croquettes entre les fibres d'un paillasson ou d'un balai-brosse. Votre chat devra « pêcher » ses croquettes avec ses pattes avant de les consommer.

LE LIBRE-SERVICE, PAS POUR TOUS LES CHATS

Attention à ne pas confondre libre-service et alimentation à volonté. Beaucoup de chats perdent la capacité à réguler leur consommation après la stérilisation surtout s'ils manquent d'activité ou si l'aliment est nouveau ou très appétissant. Vous devez contrôler strictement les apports qui dépendent de l'activité de votre chat, de son âge et de son statut sexuel (stérilisé ou entier).

⋆ ÉVITER LES CHANGEMENTS ALIMENTAIRES

Il est préférable de ne pas alterner aliment humide et sec chez les chats qui ont du mal à être rassasiés. Les aliments humides occupent un volume plus important dans l'estomac et le chat a besoin de plus de nourriture pour « se remplir ». Or la sensation de remplissage de l'estomac est un des signaux qui met fin au repas. D'autre part, à volume égal, les croquettes apportent beaucoup plus de calories que l'aliment humide qui contient beaucoup d'eau. Si le chat en consomme jusqu'à atteindre la réplétion gastrique, il en consommera une quantité excessive. Certains aliments ont un pouvoir rassasiant plus important que d'autres. C'est le cas des rations riches en fibres qui procurent un effet de lest important et calent davantage.

Il est voleur

Votre chat a fait de votre cuisine un territoire de chasse ! Dès que vous avez le dos tourné, il déambule sur la table ou les plans de travail et pioche sans état d'âme dans votre assiette. Le poisson le met en transe, mais les aliments les plus insolites l'attirent : pain, fruits, légumes... rien, non, vraiment rien ne l'arrête !

POURQUOI ?

Le chat n'a pas le sens de la propriété et n'admet pas que cette nourriture si attirante puisse être la vôtre. Même s'ils ne coopèrent pas pour la chasse, nos amis félins ont le sens du partage et se rassemblent tranquillement autour des sites de distribution alimentaire. La notion de compétition alimentaire leur est étrangère, les chats du groupe mangent ensemble et au même moment. Si, chez le chien, les droits d'accès à la nourriture sont parfaitement codifiés en fonction du rang social, l'absence de relation hiérarchique fait qu'il n'y a pas de préséance d'accès à l'alimentation.

Certains chats bravent les interdits même si on les éloigne sans ménagement : ils griffent et mordent si on les repousse et rien ne les arrête. Votre chat manque peut-être d'autocontrôles. C'est le cas s'il a été adopté très tôt et n'a pas bénéficié des rudiments d'éducation maternelle.

LES FAUSSES BONNES IDÉES

Ne punissez pas votre chat même lorsque vous le prenez en flagrant délit. Au mieux, il saura ne pas voler en votre présence car il est tout à fait capable d'associer deux événements. Le félin, rusé, apprendra très vite à identifier le contexte punitif : présence du maître + nourriture convoitée = sanction. Et il est très probable qu'il recommencera si les circonstances s'y prêtent après avoir vérifié que personne n'est à proximité. Le chien a plus de facilité à respecter les règles que le maître lui impose. S'il est correctement hiérarchisé, il sait qu'il outrepasse ses droits lorsqu'il dérobe la nourriture d'un dominant. La sanction qu'il reçoit lorsqu'il est pris sur le fait lui semble légitime et il se soumet à l'autorité du maître. Les circonstances dans laquelle la punition survient n'étant pas vécues comme une transgression, le chat, lui, la vivra comme une agression injustifiée.

LES SOLUTIONS

La punition physique n'a que peu de vertu pédagogique chez le chat et est très anxiogène. Cependant, les sanctions qui semblent venir de nulle part peuvent être efficaces. Vous pouvez tenter cette solution en vous cachant : lorsque le voleur est en train d'accomplir son forfait, envoyez un projectile léger à côté de lui (paire de chaussettes, torchon…) ou canardez-le au pistolet à eau ! L'essentiel est que votre chat ne voit pas d'où vient le coup… La limite de la méthode est que votre chat renouvellera probablement son forfait lorsque la tentation sera trop forte. Il est plus judicieux que la sanction survienne systématiquement dès qu'il s'approche des endroits interdits et soit dissociée de la présence du propriétaire. Vous pouvez par exemple placer du papier collant double face sur vos plans de travail : votre chat se collera les pattes en s'y promenant et l'expérience sera suffisamment désagréable pour qu'il l'évite dans le futur. Il existe également des dispositifs électroniques avec détecteur de présence qui réagissent en émettant un son suivi d'un jet de gaz. Ces mesures doivent être mises en place rapidement afin d'éviter que les mauvaises habitudes ne soient ancrées dans son comportement. Et évitez de le tenter en laissant traîner de la nourriture partout dans la cuisine !

LA PRÉVENTION

Évitez de placer sa gamelle et la réserve de croquettes dans la cuisine pour que votre chat n'en fasse pas son aire d'alimentation principale. Un chat ne peut pas comprendre qu'il ait l'autorisation de grimper sur le plan de travail pour accéder à sa gamelle mais pas pour lécher le plat de poulet situé juste à côté. Enfin, n'oubliez pas que le chat doit être nourri en libre-service. Il sera davantage enclin à voler s'il n'a pas de croquettes à sa disposition.

CHAPITRE 4

MON CHAT ET AUTRUI

Il est asocial

Sans être des animaux solitaires, les chats ne sont pas programmés pour vivre ensemble. Lorsqu'ils se regroupent c'est en fonction de leurs affinités avec des compagnons librement choisis et ils apprécient peu qu'on leur impose un partenaire sur leur territoire.

POURQUOI ?

⋆ UN DIALOGUE INTERROMPU PAR LE MAÎTRE

Les premières rencontres sont rarement cordiales. Les chats s'évaluent et doivent apprendre à se connaître. Leurs dialogues apparaissent peu amicaux : feulements, miaulements aigus, voire coups de patte. Craignant la bagarre, vous les séparez et, dès lors, la conversation ne peut aboutir à un plan de paix et un armistice. Ces échanges sont en effet indispensables pour que chacun puisse procéder à sa répartition territoriale. La situation est donc bloquée, les chats deviennent de plus en plus inquiets, sont sur le qui-vive, déstabilisés par la présence d'un congénère peu amical qui peut surgir à tout moment.

⋆ UNE GUERRE EN TROIS ÉTAPES

Les conflits de cohabitation entre chats évoluent en trois phases.

La première, dite de distanciation, permet aux chats d'établir le nouveau règlement intérieur et de se distribuer les zones territoriales. Si le dialogue aboutit, la paix va s'établir et les chats pourront cohabiter. Ce qui ne signifie pas qu'ils vont s'apprécier, mais ils peuvent se croiser sans se sauter dessus et se battre.

Si la conciliation échoue, la deuxième phase qui survient est celle des premières empoignades. Les discussions deviennent plus musclées avec des confrontations physiques. Ces bagarres de chats sont très impressionnantes, mais il est exceptionnel qu'elles aboutissent à des blessures importantes. Roulés-boulés, empoignades et poils qui volent dans un concert de miaulement… À ce stade, un des chats semble prendre l'ascendant sur l'autre. Il occupe l'essentiel de la maison tandis que son adversaire se replie dans une zone restreinte. On parle de chat actif pour l'envahisseur et de chat passif pour le reclus. Ce n'est en aucun cas l'expression d'une dominance de l'un sur l'autre puisqu'il n'existe pas de hiérarchie dans l'espèce féline. C'est simplement le signe que le chat actif a occupé l'essentiel du territoire et ne compte pas en rester là puisque cette annexion n'a pas donné lieu à un traité de paix.

Dans la dernière phase, le niveau de stress est tel que les deux chats basculent dans l'anxiété, voire la dépression. Le chat actif surveille le moindre des mouvements de son congénère et en oublie ses occupations quotidiennes : plus de jeux, de sorties ou de câlins. Il est tellement tendu qu'il devient agressif et ne supporte plus d'être caressé ou pris dans les bras. Son sommeil est perturbé car il reste vigilant en permanence. Ces comportements sont les signes d'une anxiété productive que les vétérinaires appellent « anxiété intermittente ». Quant au chat passif, il n'ose plus bouger. Il cherche l'apaisement en se léchant avec insistance, au point de s'arracher les poils. Il fait ses besoins là où il peut, c'est-à-dire n'importe où. Il miaule de façon plaintive, parfois en pleine nuit… Ces symptômes correspondent à une anxiété non productive appelée « anxiété permanente ».

LES FAUSSES BONNES IDÉES

Les conflits pourraient la plupart du temps se résoudre avec plus ou moins de facilité si les chats avaient la possibilité de dialoguer. Les interventions sont réellement contre-productives lors des premières

DE LA DISTANCE ET DE LA PAIX

Les chats qui vivent en groupe passent la majorité de leur temps isolés et à une distance respectable de leurs congénères (entre 1 à 3 m). Vous devez en tenir compte lorsque vous aménagez l'espace de vie de vos chats. Laissez-leur la possibilité d'être tranquilles et loin des autres. Si la superficie est réduite, pensez à utiliser les meubles en hauteur.

rencontres. Elles empêchent les chats d'établir les règles de leur cohabitation et nuisent à la répartition territoriale. Lors des bagarres, il est inutile et dangereux de tenter de séparer les chats. La meilleure solution est de quitter le champ de bataille et de les laisser se débrouiller entre eux. À votre retour, il est probable que vous retrouviez vos deux chats tranquillement installés à une distance raisonnable l'un de l'autre.

Lorsque le conflit s'enlise, le chat actif qui montre une attitude ouvertement hostile est souvent considéré comme l'agresseur et est sanctionné pour son comportement. Son anxiété s'aggrave. Quand au chat passif, il est parfois sorti de force de sa retraite et remis dans un territoire où il se sait exposé aux agressions.

LES SOLUTIONS

★ BIEN GÉRER LA PREMIÈRE RENCONTRE

Le nouveau chat doit pouvoir s'habituer à son nouvel environnement avant d'être en mesure de rencontrer l'occupant des lieux. Vous procéderez comme pour un déménagement en le laissant s'apaiser dans une petite pièce (avec sa gamelle, sa litière et ses jouets) avant de lui ouvrir le reste de la maisonnée. Veillez alors à ce que le chat résidant ne l'attende pas au tournant ! Pendant cette phase, essayez d'habituer chacun à l'odeur de son futur colocataire : frottez les deux chats avec un même linge pour initier un échange d'odeur, puis laissez-le à disposition à proximité de chacun. Le premier contact se fera dans un espace vaste et neutre duquel chacun pourra s'échapper facilement et regagner ses pénates. Quoi qu'il arrive, n'intervenez pas. Laissez la rencontre se dérouler jusqu'à son terme même si elle est conflictuelle. Vous pouvez toutefois détourner leur attention en les entraînant dans une activité agréable pour eux : le jeu ou la gourmandise.

★ TOUT EN DOUBLE

Pour faciliter la répartition territoriale, prévoyez deux litières et deux points d'alimentation distants. Même s'il est fréquent que des chats en situation de guerre se retrouvent en toute quiétude apparente autour des ressources de nourriture, ils doivent pouvoir choisir de partager leur aire d'alimentation ou de manger en solitaire.

★ EN CAS DE GUERRE DÉCLARÉE

Lorsque le conflit est patent, il faut revenir en arrière et prévoir une mise en contact progressive. Les deux chats seront installés chacun dans deux pièces séparées par une porte maintenue entrouverte. Les chats ne pourront pas entrer en contact, mais ils auront la possibilité de s'apercevoir et de se renifler. Reprenez la technique des échanges d'odeur : passez une compresse sur la face du chat depuis le museau jusqu'aux oreilles pour récupérer des phéromones d'allomarquage et déposez-la ensuite en territoire ennemi. Ces phéromones facilitant les relations sociales existent sous forme d'un spray commercialisé par les vétérinaires (Felifriend®). Au bout de quelques jours, dès que les chats semblent apaisés dans leur environnement, vous pouvez les remettre en contact : vous serez revenu à la case départ, ce qui signifie que la phase de distanciation doit à nouveau se dérouler. Mais, fort de l'expérience précédente, vous vous abstiendrez désormais d'intervenir. Quand le comportement des chats est profondément modifié, le retour à la normale nécessite un traitement médical. Consultez votre vétérinaire qui choisira les anxiolytiques les plus adaptés au comportement de chaque chat. Les phéromones apaisantes (Feliway®) sont également préconisées pour apaiser les chats dans cet environnement devenu hostile. Soyez optimiste, des belligérants acharnés peuvent devenir les meilleurs amis du monde ! L'instauration de la paix prend en moyenne 3 à 4 semaines.

L'ALLOMARQUAGE, UN SIGNE D'AFFECTION ?

L'allomarquage désigne le comportement de marquage d'un individu sur un autre. Le chat frotte ses joues sur les êtres vivants avec lesquels il entretient de relations sociales et qui font partie de son groupe. Ce geste est souvent interprété comme un signe d'affection. Il témoigne en tout état de cause d'une relation pacifiée.

LA PRÉVENTION

★ DES CHATS ISSUS DE LA MÊME PORTÉE

Si vous rêvez d'avoir une grande famille de chats, il vaut mieux le prévoir dès le début. Les individus apparentés, issus de la même portée, ont plus de chances de bien s'entendre que si vous rassemblez des chats adultes qui ne se connaissent pas. Mais, attention, ce n'est en rien une garantie ! Il n'est pas rare qu'à la puberté la mère chasse impitoyablement ses chatons et que frères et sœurs se fâchent définitivement.

★ PRÉCAUTIONS EN CAS DE SORTIE

Même dans un groupe qui semblait fonctionner, les relations sociales peuvent se dégrader brutalement. C'est le cas si l'un de vos chats est amené à séjourner à l'extérieur du domicile et revient porteur d'odeurs étrangères et désagréables. Pensez-y si votre chat est hospitalisé, présenté en exposition ou « invité » chez un(e) prétendant(e)... Lors du retour à la maison, enfermez-le dans une pièce une demi-journée le temps que son pelage reprenne son odeur habituelle.

Are you
talking to me ?*
* C'est à moi que tu parles comme ça ?

Il ne supporte pas les caresses et vous mord sans raison

Le comportement du chat qui mord la main qui le caresse est particulièrement déroutant, car bien souvent il semblait demandeur. Le scénario est classique : votre chat vient réclamer un câlin, semble y prendre plaisir puis, quelques secondes plus tard, il bondit et vous mord. Cette attitude vous plonge dans des abîmes de perplexité...

POURQUOI ?

★ UNE QUESTION DE SOCIALISATION

La tolérance au contact est très variable d'un chat à l'autre et dépend avant tout de son degré de sociabilité aux humains. Certains chats acceptent les contacts avec les humains mais ne les recherchent pas. D'autres, particulièrement sociables, les apprécient et les cultivent. Ils sont particulièrement caressants et affectueux. Les chats non sociables fuient le contact, cherchent à l'éviter en se cachant ou en agressant. À partir de ce degré zéro de la sociabilité, toutes les déclinaisons sont possibles. Les chats les plus sociables se montrent aimables en toutes circonstances. D'autres ne fuient pas les humains, mais n'acceptent pas d'être manipulés très longtemps. Les caresses sont tolérées mais peu de temps et uniquement dans certaines zones du corps.

★ LE CHAMP D'AGRESSION

Le chat s'entoure d'un périmètre invisible, encore appelé distance critique, qu'il ne faut pas transgresser sous peine d'agression. Cette zone s'appelle le champ d'agression. Ses limites varient en fonction des circonstances et du degré de sociabilité. Un chat très sociable a en principe une distance critique nulle et un champ d'agression qui se confond avec ses contours corporels. Dans certaines circonstances, le champ d'agression se dilate : c'est le cas si le chat est stressé, anxieux ou souffrant. Dans ce cas, l'approche de la main peut être sanctionnée par un coup de griffe ou une morsure.

LES FAUSSES BONNES IDÉES

⋆ SANCTIONNER L'IMPERTINENT

Les sanctions aggravent très vite la situation. En effet, le chat tire instantanément des leçons des expériences désagréables. Il fuira le contact, deviendra anxieux et de plus en plus agressif. Les relations entre les humains et votre chat risquent de se dégrader davantage.

⋆ FORCER LE CONTACT

À éviter absolument ! Le chat perçoit la contrainte comme une agression et y répond, selon les codes de son espèce, par une agression. Lorsque votre chat émet des signaux de menace, quelle qu'en soit la raison, vous devez immédiatement interrompre le contact. Si vous franchissez la ligne invisible qui définit son champ d'agression, gare à vous, un coup de griffe ou une morsure viendront vous rappeler à l'ordre.

LES SOLUTIONS

⋆ L'OBSERVER

La tolérance aux contacts dépend essentiellement des expériences précoces et varie d'un chat à l'autre. Certains chats, peureux et sauvages au départ, peuvent développer un attachement important envers une ou deux personnes familières. Ils se laisseront manipuler par elles, seront fréquemment câlins, mais refuseront d'être caressés par un inconnu et éviteront les contacts.

Si votre chat appréciait les caresses et change de caractère, il faudra s'efforcer d'en déterminer la cause. Un chat qui devient subitement agressif peut être en souffrance ou malade. Les troubles du comportement opèrent des changements plus insidieux. Si votre chat présente en plus des lésions de la peau, de la boulimie, de la malpropreté, une augmentation des comportements de marquages, il est très probablement anxieux.

⋆ LE CHAT PROPOSE ET LE MAÎTRE DISPOSE !

Savoir s'adapter au comportement de votre petit compagnon est la première règle. Il ne faut jamais forcer un chat au contact. Pour que les caresses restent un bon moment partagé, vous avez intérêt à repérer les zones appréciées et celles à éviter. Beaucoup de chats ne supportent pas qu'on leur touche le bas du dos. Pour d'autres, c'est le ventre qui est hypersensible. Si vous vous y aventurez, un petit coup de patte bien appuyé vient vous sanctionner. Les gratouillis sur le menton et les joues sont en revanche fréquemment plébiscités. Si votre chat est peu câlin, attendez qu'il vienne réclamer des caresses et limitez-vous à deux ou trois flatteries. Il est très probable qu'il en redemande et qu'au fil du temps il apprenne à apprécier de plus en plus les cajoleries.

⋆ ANTICIPER L'AGRESSION

Apprenez à repérer les signes avant-coureurs. Ils sont souvent très discrets. Un simple raidissement, une tension musculaire, un changement de regard, un tremblement de la ligne du dos, une agitation de la queue, un basculement des oreilles vers l'arrière… attention l'attaque est proche. Interrompez immédiatement le contact. Vous pouvez attendre qu'il se calme pour reprendre les caresses ou le poser par terre, l'important étant de cesser tout contact avec lui.

⋆ LE CHATON SOUS CONTRÔLE

Les chatons hyperactifs n'ont pas peur des humains et acceptent généralement les caresses douces. Mais si celles-ci se font trop appuyées, ils montent en excitation et confondent allègrement votre main avec une proie. Dans ce cas, il est conseillé de réorienter son excitation vers une autre activité en l'envoyant courir après un jouet et évitez dans l'avenir de le stimuler en jouant avec vos mains !

LA PRÉVENTION

⋆ LUI APPRENDRE À AIMER LES CARESSES

L'accent doit être mis sur la socialisation précoce dès la naissance. La simple vision de l'homme à l'occasion de la distribution de nourriture ne suffit pas, il faut un contact délicat. Les chatons doivent être manipulés à partir de l'ouverture des yeux, très délicatement au départ. Tout est effectivement affaire de mesure tant dans l'intensité que dans la durée. Un chaton harcelé en permanence et manipulé avec brutalité deviendra peureux et agressif.

★ RESPECTER SA PERSONNALITÉ

Il est fréquent de constater que les chats s'installent volontiers sur les genoux des personnes qui pourtant ne font pas preuve d'un amour immodéré à leur égard. C'est tout simplement parce que les caresses sont plus rares et moins appuyées que celles des amoureux des chats. Respecter la personnalité de son animal même s'il se montre indépendant et peu câlin est sans doute la plus belle preuve d'amour et de respect qu'on puisse lui témoigner.

★ TESTER LA TOLÉRANCE AU CONTACT

Chez le chaton, un test simple permet d'évaluer la tolérance au contact et la capacité à se contrôler. Soulevez délicatement le chaton par la peau du cou. S'il se fige et se replie sur lui-même, en position fœtale, en recroquevillant ses pattes et en étant parfaitement détendu, vous en déduirez qu'il a la capacité à s'inhiber et qu'il est tolérant au contact. Ce chaton a sans doute bénéficié de bonnes conditions de développement. S'il se raidit, se débat, cherche à mordre, à griffer ou déplie ses pattes, sa socialisation n'a pas été optimale.

LES ENFANTS SOUS CONTRÔLE

Souvent, les jeunes enfants, enthousiasmés par la petite boule de poils, se transforment involontairement en tortionnaires. Il faut leur apprendre à respecter leur petit compagnon, à ne pas le déranger dans son sommeil, à stopper les contacts s'il s'excite, cherche à fuir ou montre des signes d'impatience.

Il est devenu agressif sans raison

Depuis quelque temps, vous sentiez votre chat tendu et distant. Et subitement il s'est transformé en un véritable démon. Les pupilles dilatées, les oreilles en arrière, la queue en goupillon, des grognements furieux, le voici prêt à vous foncer dessus. Vous n'avez dû votre salut qu'à la fuite. Depuis, il semble redevenu normal…

POURQUOI ?

★ LE CORPS AVANT TOUT

Un changement brutal de comportement doit toujours laisser envisager une origine médicale. Le chat peut être rendu fou par la douleur. Il va chercher à s'isoler et les tentatives de manipulation peuvent se solder par des morsures. Pour éviter le contact, il peut prendre les devants et chercher à attaquer et repousser l'intrus. Certaines maladies hormonales peuvent entraîner des changements d'humeur et une irritabilité. C'est le cas en particulier lors d'hyperthyroïdie, maladie assez fréquente chez le chat âgé. L'administration d'un contraceptif pour contrôler les chaleurs de la chatte ou régler certains problèmes dermatologiques peut également être mise en cause. Les maladies du cerveau, les tumeurs en particulier, vont profondément modifier le comportement de l'animal. Une agressivité brutale peut en être le seul signe. Quoi qu'il en soit, si le chat devient subitement agressif, un avis vétérinaire est indispensable.

★ UN COMPORTEMENT MATERNEL BIEN NATUREL

Une chatte peut se montrer agressive après la mise bas lorsqu'elle défend sa portée. La mère chatte tolère normalement la présence des familiers si elle est bien socialisée et attachée à ses maîtres. Elle peut se transformer en furie si un intrus s'approche. Ce comportement de défense maternelle s'atténue avec le temps et la mère, si elle est sociable, abandonnera plus volontiers ses chatons à la main humaine à partir de la deuxième semaine.

⋆ ERREUR DE CIBLE ?

Les agressions dites redirigées sont perpétrées par un chat placé dans un état émotionnel intense face à un stimulus inaccessible. C'est l'exemple typique du chat qui observe les alentours depuis la fenêtre, voit passer un chat qui déclenche sa fureur et qui va agresser violemment son maître qui passe à proximité... Cette agression est en apparence incompréhensible et injustifiée, mais une observation attentive vous permettra de repérer le stimulus déclencheur. Si votre chat semble énervé ou apeuré, il vaut mieux se tenir à distance.

⋆ UNE HUMEUR CHANGEANTE

La dysthymie est un trouble de l'humeur heureusement rare caractérisé par des changements de comportement brusques et cycliques. C'est une cause possible d'agressivité brutale, le plus souvent en relation avec une maladie.

DES MORSURES PAS ANODINES

Une morsure de chat entraîne moins de lésions apparentes que celles d'un chien mais elle est tout aussi dangereuse en raison des risques d'infection. Les crocs sont longs et pointus, et inoculent profondément des germes qui vont se développer d'autant plus facilement que la plaie se referme de suite. Les signes d'infection sont souvent très rapides : gonflement, rougeur, douleur vive. Consultez sans attendre un médecin.

LES SOLUTIONS

Les morsures félines sont moins fréquentes et moins médiatisées que celles de leurs homologues canins. Et, pourtant, elles peuvent être d'une rare violence. En cas d'agression, si votre chat est furieux, la première mesure à prendre est de l'isoler dans un endroit calme et de patienter jusqu'à ce que sa tension émotionnelle retombe. Ce qui peut prendre plusieurs heures... Il ne faut en aucun cas chercher à le toucher : sa réaction pourrait dans ce cas être extrêmement brutale. Lorsqu'il est calmé, une consultation vétérinaire s'impose. Le praticien déterminera si son état de santé peut expliquer les symptômes observés ou si l'origine est purement comportementale.

INDEX

Crédits photographiques

Couverture : Martin Barraud/Getty Images

iStockphoto : pp. 4, 12, 14, 19, 24, 28-29, 40-41, 44-45, 49, 52-53, 58-59.
Getty Images : pp. 11 (Zachary Scott), 18 (Burazin), 20 (Perets).

Direction éditoriale : Élisabeth Pegeon
Suivi éditorial : Frédérique Chavance
Direction artistique : Laurent Quellet
Conception graphique et réalisation : Mathieu Tougne
Direction de fabrication : Thierry Dubus
Fabrication : Marie Guibert
Photogravure : SNO
N° d'éditeur : 49840 (F14065)

Achevé d'imprimer en juillet 2014 par Macrolibros (Espagne).